우리 가족이 살아온 동네 이야기

김향금

1964년 서울에서 태어났습니다. 서울대학교 지리학과와 국문학과를 졸업하고, 같은 학교 대학원에서
고전문학을 공부했습니다. 지금은 어린이책을 기획하고 글을 쓰고, 다른 나라 책을 우리말로 옮기는 일을 합니다.
지은 책으로 『아무도 모를거야 내가 누군지』 『세상을 담은 그림, 지도』 『사람과 세상을 잇는 다리』
『시간을 재는 눈금 시계』 『누구나 세상의 중심이다』 등이 있습니다. '한국생활사박물관'을 만들고
'우리알고 세계보고'와 '초등학생이 처음 읽는 우리 고전'과 '한국사 탐험대'를 기획했습니다.

김재홍

1958년 경기도에서 태어났고 서양화를 공부했습니다. 동강이 갖고 있는 사람의 형상을 찾아내어 표현한
「그림 속의 숨은 그림전」이 사람들에게 많은 사랑을 받았고 이 전시가 동기가 되어 『동강의 아이들』을 만들었습니다.
『숲속에서』 『나 어릴 적에』 『무지개』 『영이의 비닐우산』 '고양이 학교' 시리즈 등에 그림을 그렸습니다.
『동강의 아이들』로 2004년 에스파스-앙팡 도서상을, '고양이 학교'는 프랑스 서점 관계자들과 어린이 독자들이
직접 뽑는 앵코립티블 상을 받았습니다. 『영이의 비닐우산』은 BIB 어린이 심사위원 상을 받았습니다.

■ 이 책을 읽기 전에

* 『우리 가족이 살아온 동네 이야기』는 3대에 걸친 가족의 이야기를 통해 우리가 살아온 동네의 모습을 보여 주는 본격 정보 그림책입니다.
연이(외할머니), 근회(엄마), 나의 이야기를 따라가다 보면 우리가 살아온 곳의 변화를 알 수 있어요. 집의 형태, 학교 생활과 놀이,
이웃들과의 관계, 시장 모습 등에서 크고 작은 사회 변화를 찾아보세요.

* 각 세대의 생활 모습을 잘 보여 주기 위해 등장인물의 나이를 약간씩 조정했다는 사실을 밝혀 둡니다.

* 이 책을 만드는 데 필요한 사진 자료를 제공해 준 단체에 감사드리며 사진의 저작권은 각 단체에 있음을 알립니다.
46쪽 청계천 주변 주택가 사진 ⓒ청계천문화관; 47쪽 나물 캐러 가는 소녀들 ⓒ장흥문화원, 광장동 아파트 단지 ⓒ열린어린이

그림책으로 만나는 지리 이야기 · 1

우리 가족이 살아온 동네 이야기

김향금 글 · 김재홍 그림

열린어린이

우리 외할머니는 주름투성이,
태어날 때부터 쭉 할머니였을 것 같아.
우리 외할머니한테도 나만 했던 때가 있었을까?

북동마을에 살던 아홉 살 연이,
먼 훗날 우리 외할머니

청계천 주변 동네에 살던 아홉 살 근희,
훗날 우리 엄마

이제 아홉 살이 된 나는 광진구 아파트에 살아.

전라남도 장흥군 장동면 북교리,
새로 난 큰길 따라 실개천이 졸졸 흐르고
납작 엎드린 돌다리를 통통 건너면
낮은 산에 둘러싸인 자그마한 마을이 나와.
말이 북을 싣고 달리다
마을 뒷산에 툭, 떨어뜨렸다고 해서 북동마을이라 했다지.

옛날 옛날, 서울에서 높은 벼슬을 지낸 할아버지가
터를 잡고부터 대대손손 살아온 마을.
이 마을에서 나고 자란 사람들이
죽으면 뒷산에 옹기종기 묻히는 곳,
아홉 살 연이는 요 마을에 살고 있어.

닭이 홰치는 소리가 연거푸 들리더니
꼬끼오 하고 길게 빼내는 울음소리가 들려.
새벽안개가 깔린 마을이 서서히 잠에서 깨어나.
연이는 세상모르고 자고 있는데
어른들은 날이 더워지기 전에 일을 하려고
끼니도 거른 채 서둘러 들로 나가.

"아제, 잘 주무셨소?"
이웃들이라고 해 봤자 할매나 아짐, 모다 가까운 피붙이들이야.
이 마을에서는 낮이나 밤이나 대문을 반쯤 열어 두고 살아.
누구나 "계시오?" 한마디 던지곤
남의 집 방문을 드르륵 열기 일쑤지.

뒤란 장독대 너머에서 댓잎이 싸악싸악 부딪히는 소리가 나.
이 마을 집들은 대숲에서 부는 바람이 집 안팎으로 잘 통하도록
一자 형에 홑겹으로 지었어. 그래서 여름에 시원하지.
늦잠 잔 연이는 아침밥을 후다닥 먹어 치우곤
송아지랑 어미 소가 잘 있나 외양간을 슬쩍 본 다음,
진둥한둥 학교 갈 차비를 했어.

연이는 책보를 메고 오 리나 떨어진 학교까지
비가 오나 눈이 오나 걸어 다녔어.
이 시절엔 읍내로 나가야 차 구경을 했고 웬만한 길은 죄다 걸어 다녔거든.
연이는 좁다란 논두렁 밭두렁을 지나
장마가 오면 어른들이 업어서 건네주던 내를 건너
새콤달콤한 살구를 냠냠 먹으며 학교에 갔어.

연이는 국민학교에 입학해서 일본어를 배웠어.
"아, 이, 우, 에, 오"
히라가나를 먼저 배우고 가타카나도 배웠어.
1학기 끝날 때 2학기 일본어 책을 미리 받아 두었는데
8월에 해방이 되자 학교가 문을 닫았어.
3개월이나 지나서야 학교는 다시 문을 열었어.
연이는 처음으로 가갸거겨 한글을 배웠어.

연이는 봄, 가을 소풍날을 손꼽아 기다렸어.
소풍은 신라 시대에 세워져 천년을 훨씬 넘긴 보림사로 갔어.
지금 차로 가도 30분이나 걸리는 거리를,
뙤약볕 아래 산길을 따라 줄지어 걸었지.
김밥은 꿈도 꾸지 못했고 가을 소풍이면 그나마 찐 밤이나 고구마,
봄 소풍엔 그저 보리밥에 단무지였어.

학교 갔다 오면 연이는 숙제하기 전에 엄마 일부터 도왔어.
아궁이 앞에 부지깽이도 뛴다고 할 만큼 바쁜 모내기 철에는
연이가 엄마 대신 밥도 짓고 우물물도 길어 놓았지.
당연히 아홉 살배기 여자아이가 일만 한 건 아니었지.
철따라 나물 캔다며 동무들이랑 가르뫼들을 쏘다녔어.
연이는 각시풀을 뜯어 인형을 만들고
"넌 신랑, 난 각시" 하는 소꿉놀이를 제일 좋아했어.

사내아이들도 꾀꾀로 들로, 산으로, 냇가로 놀러 다녔어.
여름이면 연이 오빠들은 해질녘까지 들에서 쇠꼴을 먹이다
너도나도 개울에 풍덩! 풍덩풍덩! 등이 새까매질 때까지 멱을 감았고,
겨울이면 마을 앞 공터에서 자치기도 하고
돼지 오줌보로 만든 공으로 축구도 했지.

연이는 학교 갈 때 빼곤 마을 안에서만 맴맴 돌았어.
그래도 오일장이 열릴 때면 엄마를 따라 마을 밖으로 나갔지.
엄마는 들일을 마치면 졸린 눈을 비비며
밤늦게까지 짤깍짤깍 베를 짰어.
베를 장에다 내다 판 돈으로 검정 고무신이랑 학용품을 사 왔지.
엄마는 가까운 장평장을 다녔지만
급히 살 물건이 있으면 멀리 장흥장, 보성장에도 갔어.
장터는 이 마을 저 마을에서 온 사람들로 북적북적했어.
"팥죽 한 그릇 먹어 봤으면……."
연이는 엄마를 졸라 팥죽 한 그릇을 먹다
이웃 마을 사내아이랑 부딪혀 그만 아까운 팥죽을 쏟고 말았어.

그땐 까맣게 몰랐어! 연이가 나중에 그 애랑 혼인할 줄은.
"우리 사돈 맺읍시다."
양쪽 집안 어른들이 장터 국밥집에서 막걸리를 마시며
혼인을 결정한 건 훨씬 나중 일이었으니까.

스무 살 갓 넘은 연이는 이웃 광평리로 시집갔어.
새색시 연이는 북동댁이 되었어.
이 시절엔 여자가 결혼을 하면
살다 온 친정 마을 이름에다 '댁'을 붙여
"연산댁!", "하뱅댁!", "동암댁!"이라고 불렀거든.
아이 둘을 낳곤 연이 신랑은 서울로 훌쩍 떠나더니
서너 해 만에 돌아와 몹시 서두르며 고향을 뜨자고 했어.

"대충 옷가지만 챙겨요. 아이들 데리고 서울 갑시다!
돈도 많이 벌고, 우리 애들 대학도 보내야지!"
서른 살 북동댁은 정든 고향을 등진다는 게 서럽고
아이들을 대학 보낸다는 게 기뻐, 울고 웃다 또 울었어.
하루 온종일 걸려 버스를 두어 번 갈아타고 기차를 타고
서울역에 도착했어.

그때는 다 그랬대. 누구나 서울로, 서울로 향했어.
서울역 앞은 늘 붐볐고 서울은 만원이었대.
외할머니는 낯선 동네로 향했어.
우리 엄마 어릴 적 살던 동네로!

서울 시내를 가로질러 흐르는 청계천 영미다리 건너,
서울에서 세 번째로 크다는 중앙시장 언저리에,
우리나라 여기저기서 흘러들어온 고만고만한 사람들이
골목을 사이에 두고 이웃사촌으로 오순도순 사는 동네.

그 동네 막다른 골목 가운데 집에는
엄마 아버지랑 오롱조롱 여섯 아이, 대학생 삼촌이랑 가랑머리 여고생 고모,
일자리 구하러 서울 왔다 잠깐 더부살이하는 친척이며,
아래채에 세 든 고씨 아저씨 가족까지 오글오글 바글바글.
그 집에 아홉 살 근희가 살고 있어.

아침이면 근희는 집골목을 나서 상점이 늘어선 거리를 지나
만원 버스가 기우뚱 달리는 찻길을 건너 학교에 갔어.
처음에는 집에서 무지 먼 학교에 다녔어.
한 반에 70명이 넘는 콩나물시루 교실에서
오전반 오후반, 이부제 수업을 했지.

집집마다 아이들이 자꾸자꾸 태어나고 덩달아 학교도 자꾸 생겨났어.
가까운 학교끼리 학생을 합하고 나누더니
근희는 집 가까이에 있는 학교로 옮기게 됐어.
'학교 종아, 어서 쳐라!'
근희는 속으로 친구들이랑 놀 꿍꿍이셈을 꾸미다
학교가 끝나자마자 집으로 쌩쌩 달려왔지.

학교 갔다 오는 길이면 왜 그렇게 자주 똥이 마려운지!
근희는 다리를 비비 꼬며 참다 참다
한번은 경찰서 옆 공중변소에 간 적이 있어.
"귀신 나온다!"
동네 아이들이 벌벌 떨던 공중변소.
한손으로는 덜컹거리는 문짝을 가까스로 잡고
다른 손엔 신문지를 비벼 쥐고 한참을 앉았는데
시커먼 구멍 아래로
졸졸졸 청계천 물 흐르는 소리가 들렸지.
청계천 바닥이 얼마나 깊은지
똥이 똑 떨어지길 아무리 기다려도 소식이 없었어.
'둥둥 내 똥을 싣고 저 물은 어디로 흐를까,
멀리 강으로 갔다 바다로 나갈까?'
근희는 요런조런 생각에 잠겼어.
아홉 살 근희한테 공중변소 밑은
세상에서 가장 깊고 깊은 곳이었어.

집골목에 들어설 참이면 근희의 발놀림은 더 빨라졌어.

근희네 집 나무 대문은 늘 빗장을 느슨하게 채운 채 닫혀 있었지.

거지나 가짜 꿀을 파는 장수처럼 반갑지 않은 손님이 불쑥 들어오곤 했거든.

"멍! 멍!"

"엄마!"

"우리 근희 왔니?"

만날 순서가 똑같아! 근희 발소리를 먼저 알아차린 메리가 짖어 대고

근희가 대문을 호기롭게 뻥 차며 엄마를 부르고 나서야

엄마는 젖은 손을 앞치마에 닦으며 부엌에서 나왔어.

근희네 집은 ㅁ자형 개량 한옥이야.

이웃집끼리 지붕과 지붕을 맞대고 지붕 밑에 함석 물받이를 댔어.

대청마루에 유리문을 단 도시 한옥의 모양새는 그대로인데

아궁이는 신식으로 바꿔 연탄을 땠어.

집에 오자마자 근희는 책가방을 내팽개치다시피 던져 놓고
동네 친구들이랑 골목에 모였어.
상득이네 평상은 만날 꼬부랑 할머니나 아기엄마들 차지고
아이들은 흙바닥에 돗자리를 깔고 소꿉놀이를 시작했지.
근희는 소꿉놀이가 시들해질 즈음 콩쥐팥쥐 연극놀이에 재미를 들였어.
근희는 콩쥐, 옆집 명희는 팥쥐, 셋째 언니가 계모를 맡았는데
막상 콩쥐 세상이 되려 하면 얄밉게도 셋째 언니는 재빨리 연극의 막을 내렸어.
근희는 셋째 언니랑 하루가 멀다 싶게 다퉜지만
콩쥐팥쥐 놀이를 하고 싶어 어쩔 수 없이 화해했어.
아예 맨발로 팔짝팔짝 뛰며 고무줄놀이도 했어.

장난감 기차가 칙칙 떠나간다!
과자와 사탕을 싣고서
엄마 방에 있는 우리 아기한테
갖다 주러 갑니다

해가 저물고 골목이 어둑어둑할 무렵,
집집마다 석유풍로에 얹은 양은솥에서 밥물이 넘치고
"저녁 먹게 들어 와!"
집집마다 엄마들이 목쉬게 부를 때까지, 정말 신 나게 놀았어.

"아버지, 점심 드시래요!"
점심때면 근희는 시장통에 있는 아버지 가게로 심부름을 갔어.
중앙시장 입구 네거리, 목 좋은 가게에서 아버지는 청과물 도매상을 했어.
"옛다, 과자 사 먹어라."
아버지가 주판알을 튕기다 심부름 값을 주면
근희는 요것조것 군것질 재미에 시장통을 마구 뛰어다녔어.
"우리 근희 왔구나."
리어카에서 사과를 파는 최씨 아저씨가 눈을 찡긋 했어.
버젓한 가게 얻어 장사하는 게 꿈인 최씨 아저씨,
쌀가마니 지는 게 힘들다며 늘 막걸리 기운에 취해 얼굴이 불콰한
쌀가게 박씨 아저씨, 뚝섬 벌에서 키운 배추랑 무를 갖다 파는 재미에
쏙 빠진 채소가게 이씨 아저씨, 파리채로 아무 데나 탁탁 치며
늘 투덜대는 생선가게 문씨 아저씨, 온갖 속옷을 염치없이
드렁드렁 걸어 놓은 속옷가게 엄씨 아줌마.
오후에는 저녁 찬거리를 사러 장바구니 들고 온 아주머니들로
시장이 시끌벅적했어.

이건 비밀이야! 어느 날, 근희는 혼자 모험 여행을 떠났어.
"영미다리 너머는 절대 안 돼! 망태 할아버지가 잡아간단다."
엄마 말이 떠올라 오금이 저려 왔지.
동네 아이들은 영미다리 너머에 놀이 천국이 있다고들 난리였어.
마음을 굳게 다지고 찻길을 건너려는데 청계천 복개 공사로
모래를 잔뜩 실은 트럭들이 사정없이 달려들어 아찔했지.
동묘 앞 너른 공터에 다다르자 약장수가 왁자지껄 공연을 펼치고 있었어.
"자, 이 약 한번 먹어 봐! 회충 요충 십이지장충, 기생충들이 쑥쑥 기어 나와."
약장수는 뱀을 목에 감기도 하고 돌멩이를 맨손으로 깨는 차력도 했어.
근희는 눈깔사탕을 빨며 약장수 공연을 실컷 보다가 동묘 안으로 들어가
관우장군 긴 수염도 구경하고 돌사자 등에서 미끄럼을 타고 맘껏 뛰어놀았어.
아홉 살 근희한테 동묘는 집에서 가장 멀리 떨어진, 머나먼 세상이었어.

청계천을 모조리 덮는 복개 공사가 위쪽부터 차례차례 내려와
청계천변에 있는 판자촌이 차츰차츰 헐리더니 영미다리가 사라졌어.
덩달아 동네 사람들도 형편 따라 뿔뿔이 흩어졌어.
돈을 많이 번 옆집 명희네는 부자 동네로 이사를 갔어.
그저 그런 사람들은 그냥 눌러 살고
근희네는 아버지 장사가 신통치 않아 이 동네를 떠나기로 했어.
이사 가는 날, 근희는 대청마루 지붕 위에서 도둑고양이를 보았어.
빈집이 제 차지라도 되는 양 눈독 올리는 도둑고양이를 보면서
가슴이 철렁 내려앉았지.

그 뒤로도 서너 번 동네를 옮긴 끝에
외할머니가 꿈꾸던 빨간 벽돌의 이층집을 지었어.
그 집에서 스물아홉 아가씨 근희, 아니 우리 엄마는 학교를 졸업하고 직장을 다녔어.
우리 아빠랑 결혼하자 책이랑 옷을 트럭에 싣고 신혼집으로 뿡, 떠나 버렸대!

서울시 광진구와 경기도 구리시에 걸쳐 있는 아차산은
옛날 고구려 백제 신라가 서로 차지하려고 다투던 곳,
한강 다리 광진교는 강의 너비가 가장 넓은 옛날 광나루터 자리,
유서 깊은 아차산과 광나루 사이에 빽빽하게 들어찬 아파트 동네.
아파트 곳곳에서 고가사다리를 매달고 말없이 이사를 오가고
같은 아파트, 같은 동에 누가 사는지 모르지만
엘리베이터를 같이 쓰는 이웃끼리
"안녕하세요?" 겸연쩍은 인사를 나누는 동네.
아파트 동과 호수 '12동 503호'가 그대로 우리 집을 가리키는 곳,
방금 생일을 넘겨 아홉 살이 된 내가 여기 살아.

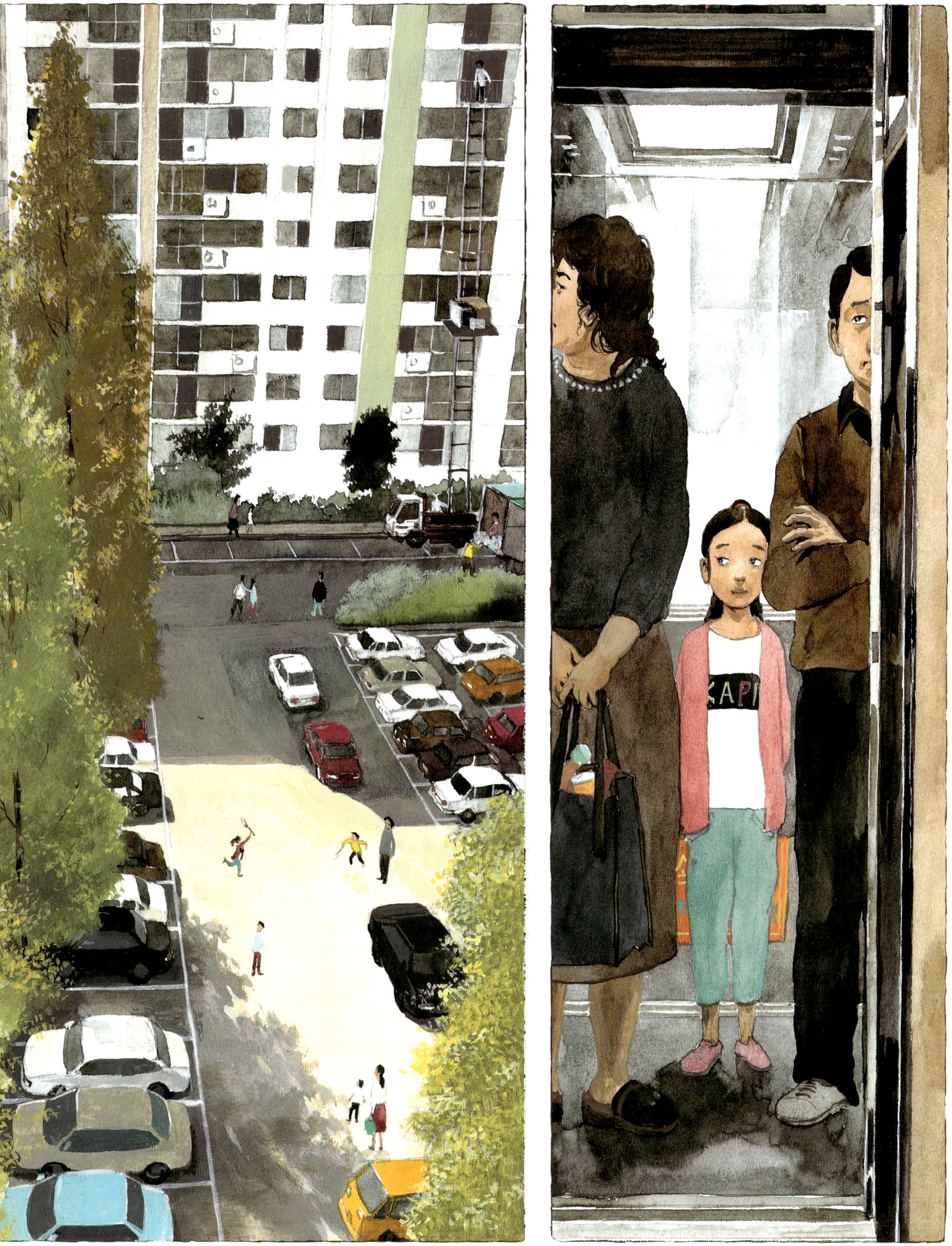

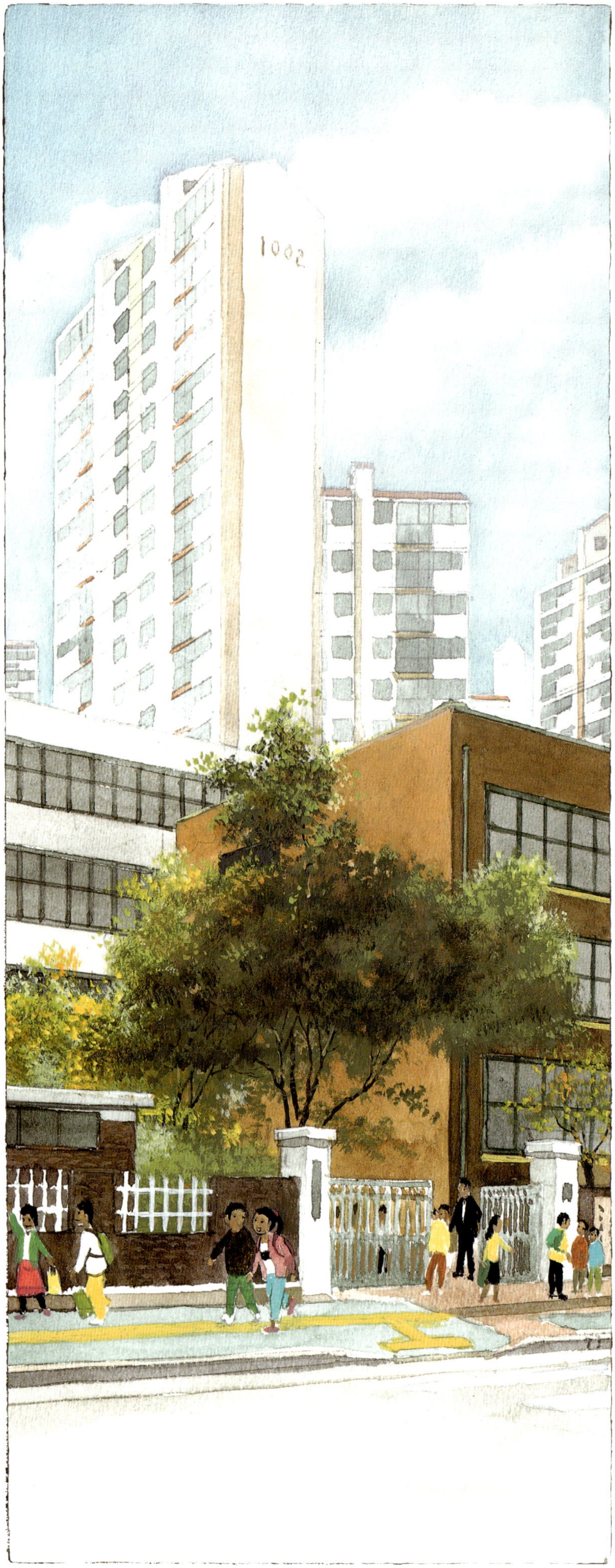
1002

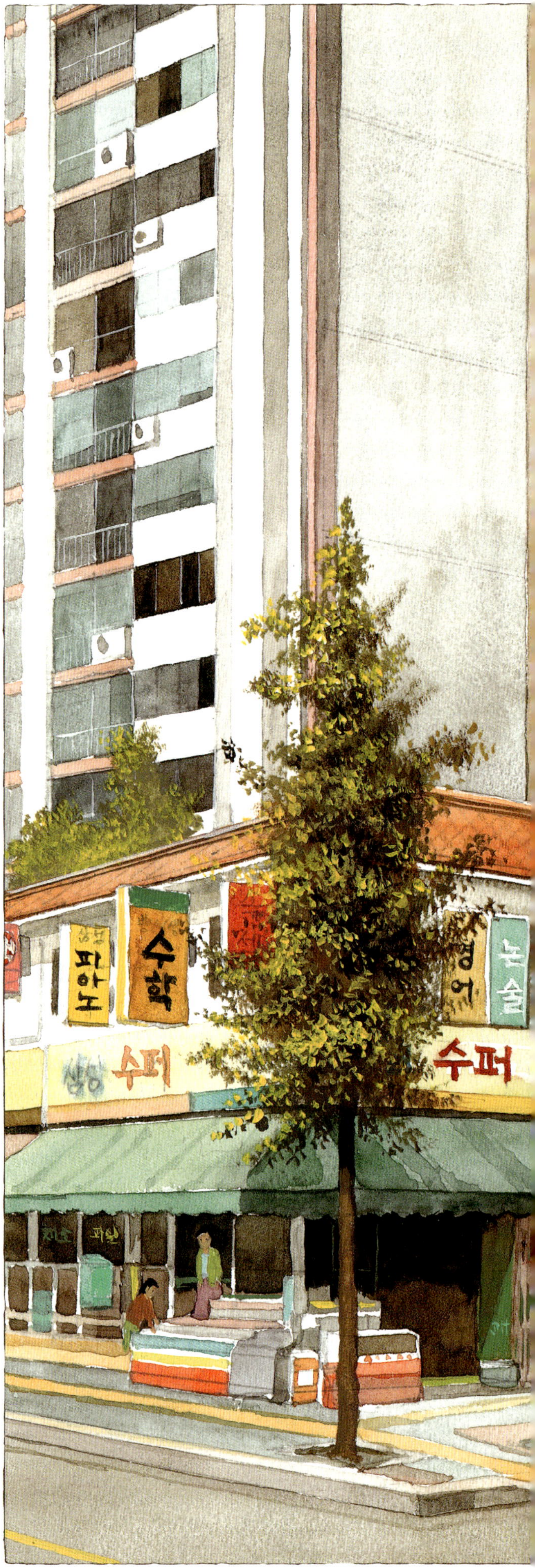
피아노
수학
영어
논술
수퍼
수퍼

아침에 아파트 현관을 나와 화단 사이에 난 길을 따라 걷다
큰길을 두 번 건너면 우리 학교가 나와. 우리 학교는 아파트에
빙 둘러싸여 있고 주변에 유치원 중학교 고등학교가 나란히 서 있어.
우리 동네는 비슷비슷한 게 끼리끼리 모여 있어.
수십 동의 아파트 건물이 쭉쭉 뻗어 있고 그런 아파트 단지가
한강변을 따라 우뚝우뚝 솟아 있어.
내가 아이스크림 사러 가는 아파트 상가에는 갖가지 상점이 빼곡해.
큰 네거리로 나가면 음식점, 학원, 병원이 따로따로 모여 있고
좀 더 나가면 대형 쇼핑몰과 대형 할인점이 있어.
사람들이 바글바글 모여 사니까 상점이랑 온갖 편의시설도 한데 모였어.

우리 동네는 옛날부터 남쪽 지방으로 내려가는 길목이었고
나루터였대. 그래서 그런지 지금도 교통이 아주 편리해.
아파트 단지를 나가면 시원하게 쭉 뻗은 도로가 있고
시내로 들어가는 지하철역과 버스 정류장도 있어.
오늘은 엄마랑 시내버스를 타고 종로5가 광장시장에 갔어.
"이번 정차할 곳은 동묘, 동묘입니다."
버스 안내 방송이 나오자, 엄마가 옛날 살던 동네라며
후다닥 버스에서 내렸어. 엄마가 살던 옛집은
온데간데없이 사라져 엄마가 무척 섭섭해 했어.
그런데 엄마가 온 길을 왔다 갔다 하며 갸우뚱거렸어.
"애걔걔, 옛날 우리 집에서 동묘까지가 고작 요 거리?
이렇게 가까웠단 말이야? 참 이상하다! 분명 무지무지 멀었는데!"

엄마가 어릴 적에는 왜 그렇게 멀게 느껴졌을까?
우리 엄마가 꼬맹이여서 세상이 아주아주 넓게 느껴졌을까?

집에 돌아온 엄마는 전화기를 붙잡고
외할머니랑 오래오래 통화를 했어.
엄마는 청계천에 있던 옛날 동네 이야기를 하고
외할머니는 시골에 있는 옛날 동네 이야기를 하고.
나도 이다음에 크면
우리 동네 이야기를 저렇게 오래오래 할까?

글쓴이의 말

나는 1964년 서울에서 태어났습니다. 시장통에 있는 합동병원 4층에서 태어나 청계천과 중앙시장 사이, 개량 한옥이 즐비한 동네의 막다른 골목집에서 살았습니다. 11살 때까지 쭉 막다른 골목집에서 살았습니다. 내가 태어나기 훨씬 전부터, 언니들과 삼촌과 고모가 그 집에서 살았지요.

그 시절 사람들이 그랬듯이, 전라남도 장흥군의 한적한 시골 마을에서 살던 부모님은 일자리를 찾기 위해, 아이들을 교육시키기 위해 서울로 무작정 올라왔습니다. 막다른 골목집은 전셋집을 전전하던 부모님이 처음 마련한 번듯한 집이었지요. 막다른 골목집에서 동생들이 연이어 태어났고 삼촌과 고모가 결혼을 해서 집을 떠났으며 아래채에 세 들어 살던 이웃들이 드문드문 바뀌었지요. 잠시 서울에 들른 친척들이며 아버지 가게에서 일하는 일꾼들이 우리 집을 수시로 들락거렸는데도 막다른 골목집이 비좁았다는 기억이 전혀 나지 않는 게 참 신기합니다.

| 1970년대 서울 청계천 주변 주택가

나는 어린 시절 몸집이 작고 유독 겁이 많았는데 그런 내 활동 무대라 봤자 고작 우리 집 앞 골목이었습니다. 어린 내가 느낀 가장 멀고 위험한 장소는 영미다리 건너 동묘였고, 경찰서 옆 공중변소 아래가 가장 깊고 깊은 곳이었지요. 나는 그 집에 살면서 청계천 판자촌이 철거되고 청계천이 서서히 복개되어 가는 풍경을 목격했습니다. 우리 가족이 막다른 골목집을 떠난 뒤, 나는 새 집에 쉽게 정을 붙이지 못하고 몇 날 며칠을 이불 속에서 숨죽여 울었습니다. 커서 수소문 끝에 그 동네를 찾아간 적이 있습니다. 옛집은 사라졌지만 동네의 흔적은 희미하게 남아 있었습니다. 형제들이 결혼하면서 하나 둘 떠나고 아버지가 돌아가신 뒤, 그 집은 온전한 우리 가족을 떠올릴 수 있는 유일한 장소였습니다. 지금도 나는 옛집의 구석구석을 잊지 못합니다.

나는 대학교를 마친 뒤, 우리 부모님이 살던 마을을 처음 가 보았습니다. 어릴 적 엄마가 뛰어놀던 가르못들과 아버지가 다니던 초등학교 운동장을 거닐면서 몹시 느꺼웠습니다. 친척분들한테 어린 시절 부모님의 이야기를 들으면서 '어른으로만 기억하던' 부모님에게도 보드라운 '어린 시절'이 있다는 사실을 새삼 깨달았습니다.

| 1940년대 장흥 나물 캐러 가는 소녀들

그리고 내가 우리 아이를 키운 아파트 동네가 있습니다. 빽빽한 아파트 동네라고 해서 추억이 깃들 수 없는 것은 아닙니다. 키 크고 오래된 나무들이 있고 우리 아이가 친구들과 뛰어논 놀이터가 있으며 내가 아이를 기다린 버스 정류장이 있습니다. 훗날 아이한테는 이 아파트 단지가 어릴 적의 동네겠지요.

| 2010년대 서울 광장동 아파트 단지

우리나라는 1960년대부터 시작된 산업화 이후 서구에서 수백 년에 걸쳐 일어난 거주 공간의 변화를 단기간에 겪었습니다. 시골 마을에서 나고 자란 조부모 세대, 도시의 단독 주택에서 나고 골목에서 놀았던 부모 세대, 도시의 아파트에서 나고 자란 요즘 어린이 세대까지, 3대의 이야기를 들여다보면 우리가 살아온 공간의 변화가 풍성하게 드러납니다. 그런 자취가 우리 가족의 삶에도 아로새겨져 있지요. 나는 우리 가족이 살아온 동네 이야기를 통해 거주지 이동과 가족 형태를 비롯한 크고 작은 사회 변화를 생생하게 그려 내고 싶었습니다. 이 책에는 아홉 살의 세 주인공 연이, 근희, 광장동 아파트에 사는 은이가 등장합니다. 독자들이 세 주인공을 차례로 만나면서 3대에 걸친 공간 변화를 느끼고 이해하며 세대 간의 같고 다른 점을 비교 대조하는 재미를 느꼈으면 합니다.

그림책으로 만나는 지리 이야기 · 1

우리 가족이 살아온 동네 이야기

山水間 기획 · 김향금 글 · 김재홍 그림

처음 펴낸날 2011년 4월 27일 | 두 번째 펴낸날 2012년 9월 21일
펴낸이 김덕균 | 펴낸곳 열린어린이
책임편집 편은정 | 편집 서윤정, 김정미, 이지혜, 윤나래 | 디자인 허민정 | 제작 · 관리 권문혁, 김미연
출판등록 제10-2296호 | 주소 121-898 서울시 마포구 동교동 198-22 승남빌딩 2층
전화 02)326-1285 | 전송 02)325-9941

글 ⓒ 김향금, 2011
그림 ⓒ 김재홍, 2011

ISBN 978-89-90396-31-0 77810
　　　978-89-90396-30-3 (세트)

값 12,000원

이 책은 저작권법에 따라 보호받는 저작물이므로 무단 전재와 복제를 금합니다.
이 책 내용의 전부 또는 일부를 재사용하려면 반드시 열린어린이의 서면 동의를 받아야 합니다.